Dorothea Gersdorf

Endlich Friede mit mir selbst

Gedanken über erste, zweite und dritte Geigen

Verlag Johannis

Die Reihe »Glaubens- und Lebenshilfe«
wird herausgegeben von Harald Petersen,
Leiter der Seelsorgeabteilung des
EVANGELIUMS-RUNDFUNKS
in Deutschland

Bildnachweis:
Umschlag: W. Okon
Innenteil: S. 13: W. Rauch; S. 21: R. Blesch;
S. 37: TPLD/IFA-Bilderteam; S. 49: M. Schneiders;
S. 60: H. Baumann

Bibliografische Information Der Deutschen Bibliothek
Die Deutsche Bibliothek verzeichnet diese Publikation in der Deutschen Nationalbibliografie; detaillierte bibliografische Daten sind im Internet über http://dnb.ddb.de abrufbar.

ISBN 3-501-07184-1
Reihe Glaubens- und Lebenshilfe 07 184

Umschlaggestaltung: Friedbert Baumann
Gesamtherstellung: St.-Johannis-Druckerei,
Lahr/Schwarzwald
Printed in Germany 16141/2006

www.johannis-verlag.de

*Denn nicht, wer sich selbst empfiehlt,
der ist bewährt, sondern der, den der Herr
empfiehlt.*

2. *Korinther* 10,18[1]

Inhalt

I. Erforsche mich, Herr

Es ist einige Jahre her. Wir waren eine fünfköpfige Familie und zu Hause gab es eine Menge Stress mit den Kindern. Es ging damals nicht um wirklich große Probleme, das meiste lag im »grünen Bereich«. Es waren die üblichen Querelen mit heranwachsenden und pubertierenden Kindern. Der Stress lag irgendwo anders, aber wo, das war nicht so leicht auszumachen.

In unserem Haus herrschte fast ständig eine gereizte und genervte Atmosphäre. Es gab viel Streit und lautstarke Auseinandersetzungen, bis dahin, dass sogar Türen zu Bruch gingen. Diese Streitereien brachten mich manchmal so in Rage, dass ich regelrecht ausflippte, wofür ich mich im Nachhinein schämte und bei meinen Kindern Abbitte tun musste. Natürlich waren die Kinder Ursache dieser Gereiztheit, das war zumindest meine Erklärung. Doch als ich irgendwann darüber nachdachte und betete, war es, als ob Gott zu mir sagte: »Es liegt nicht an den Kindern. Schau mal in dein Herz. Da ist die Ursache. Du bist gereizt, weil du unzufrieden bist. Du selbst verbreitest Unfrieden.«

Unzufrieden – das saß und verfolgte mich. War ich unzufrieden? Und wenn ja, warum? Oder besser gefragt, womit? Wenn ich mein Leben betrachtete, hatte ich eigentlich keinen Grund zur

Unzufriedenheit – eigentlich ... Mit seinen einfachen Worten hatte Gott mich auf eine Spur gesetzt, die ich leichtfertig übersehen oder der ich nachgehen konnte. Ich entschied mich für die zweite Möglichkeit.

Dabei half mir ein Gebet aus den Psalmen (Psalm 139,23–24): »Erforsche mich, Gott, und erkenne mein Herz. Prüfe mich und erkenne meine Gedanken! Und sieh, ob ein Weg der Mühsal bei mir ist und leite mich auf ewigem Weg.« Dies ernsthaft zu beten erfordert Mut, denn so ein Gebet erhört Gott nur zu gern.

Auf die Spur gesetzt ...

Womit war ich unzufrieden? Je mehr ich darüber nachdachte, desto klarer wurde mir, dass ich – ohne zu wissen, wieso – mit meinem *Leben* unzufrieden war, letztlich mit mir selbst. Irgendwie hatte das Ganze noch einen »frommen Beigeschmack«, denn auch Schuldgefühle spielten eine Rolle – in mir nagte der Zweifel, ob mein derzeitiges Leben vor Gott in Ordnung war und ob ich genug Einsatz für ihn zeigte. Je mehr ich mich diesen Dingen stellte, desto klarer erkannte ich, dass dies alles nur die Spitze des Eisbergs war.

Wenn ich im Folgenden über Unzufriedenheit schreibe, dann meine ich nicht ein paar verdrossene Gedanken, die man wie eine lästige Fliege mit einer Handbewegung vertreiben kann. Ich meine damit eine Haltung, eine Lebenseinstellung, die von Selbstzweifeln und Selbstentwertung gekennzeichnet ist. Eine solche Unzufriedenheit mit sich selbst ist keine Kleinigkeit, sondern häufig Ausdruck einer tiefer liegenden Störung. Sie hat nachhaltigere Auswirkungen auf allen Ebenen unseres Seins, als uns lieb ist. Sie geht einher mit anderen ineinander greifenden Symptomen, die unser Leben überschatten, Beziehungen belasten – auch unsere Beziehung zu Gott – und unseren Glauben beeinträchtigen. Mit sich selbst unzufrieden zu sein ist daher keine harmlose Störung, sondern kann sich höchst destruktiv im Leben bemerkbar machen.

Auf diesen Zusammenhang machte Gott mich aufmerksam und führte mich nun in einen Prozess hinein, der Verstehen, Umkehr und Neubesinnung, Heilung und Veränderung bewirkte. Damals war ich noch am Anfang.

Erste und zweite Geigen ...

Oft sind es Erinnerungen, die uns helfen, unsere aktuellen Probleme besser zu verstehen. Denn aus unzähligen Erfahrungen bleiben uns nur die im Gedächtnis, die die Logik unseres inneren Lebensentwurfs, unseres »Lebensskripts«, untermauern. Sie tragen dazu bei, dass wir mit diesem Lebensentwurf so leben können, wie wir es tun. Bei mir war es so, dass mir immer wieder eine Geschichte in den Sinn kam, die ich irgendwann einmal gelesen hatte:

Der Verfasser berichtete von einem Urlaubserlebnis. Abend für Abend schlendert er durch die Gassen eines kleinen Kurorts und genießt die Abendstimmung. Sein Weg führt ihn jedes Mal an einem alten Garten vorbei. Durch das dichte Buschwerk kann er nichts sehen, aber Violinenspiel dringt an sein Ohr, die Töne schön und ergreifend wie das Lied der Nachtigall.

Eines Abends nun steht er wieder lauschend vor der Hecke und hört der Musik zu. Doch dieses Mal ist es nicht wie sonst. Die Melodie ist die Gleiche, aber es fehlt an Tiefe und Volumen, an Klangfülle. Zuerst ist er irritiert und fragt sich, was heute anders ist als sonst. Und als er so horcht und überlegt, wird ihm klar, dass sonst zwei Geigen gespielt haben, heute ist es nur eine. Endlich hört er es deutlich heraus: Es spielt nur die erste Geige, die zweite, von der sie sonst begleitet wird, fehlt.

Warum hat sich diese Geschichte so bei mir eingeprägt? Weil sie eins meiner zentralen Lebensthemen aufgreift, das Thema von der ersten und der zweiten Geige. Und genau dieses Thema hatte mit meiner Unzufriedenheit zu tun, das wurde mir immer deutlicher bewusst.

In seinem Buch *Die Lebensalter* beschreibt der

katholische Philosoph und Theologe Romano Guardini die verschiedenen Phasen eines Menschenlebens von der Geburt bis zum Tod, mit allen spezifischen Herausforderungen, Fragestellungen, Aufgaben und Einsichten der einzelnen Phasen; es geht um genutzte oder verpasste Chancen, Momente intensiven Glücks, errungener Triumphe oder aber bitterer Niederlagen und Grenzerfahrungen. Er eröffnet dem Leser das weite Erfahrungsspektrum sowie Hintergründe und Zusammenhänge des menschlichen Lebens mit all den Phasen erwartungsvollen Aufbruchs, genau wie den Zeiten unerträglicher Zähigkeit oder sogar vermeintlichen Stillstands. Wenn man sich darauf einlässt, kann man sich in seinen Ausführungen gut wiederfinden, sie scheinen offensichtlich Allgemeingültigkeit zu besitzen.

In meiner Situation sprach mich ein Abschnitt besonders an, den Guardini »Die Krise durch die Erfahrung« genannt hat. Hier geht es um Erfahrungen in der Lebensmitte, aber aus vielen Beratungs- und Seelsorgegesprächen weiß ich, dass Menschen auch in anderen Lebensphasen mit Empfindungen und Selbstzweifeln dieser Art zu kämpfen haben können:

Zum Wesensbild des jungen Menschen gehört der Elan des aufsteigenden Lebens; das rasch zunehmende Bewusstsein der eigenen Persönlichkeit, der eigenen Kräfte, der eigenen Vitalität. Die psy-

chologische Wirkung dieses Elans ist das Gefühl unendlicher Möglichkeiten: dessen, was der künftige Mensch sein wird und leisten kann und was das Leben ihm schenken mag (...)

Nach dieser Beschreibung fährt Guardini mit der Krise fort, die diesem Lebensabschnitt folgt:

Nun aber tritt die Wirklichkeit allmählich ins Bewusstsein (...) Er erfährt, wie armselig das Dasein oftmals ist. Entmutigend kommt ihm zu Bewusstsein, was das heißt: ›Durchschnitt‹ und ›Alltag‹; wie selten die wirklichen Begabungen und bedeutenden Leistungen sind, ebenso wie die großen Geschehnisse, im Guten und im Schlimmen.[2]

Durchschnitt und Alltag, mit diesen Worten charakterisiert Guardini das menschliche Dasein. Als ich über seine Ausführungen nachdachte, kam mir noch ein anderes Wort in den Sinn, das mir damals im Hinblick auf mein eigenes Dasein fast unerträglich schien: Mittelmaß. Das war es, was ich Zeit meines Lebens empfunden hatte und wogegen ich genauso lange angekämpft hatte – vergeblich. Und genau hierin entdeckte ich den Ursprung meiner Unzufriedenheit. Ich wollte alles, nur nicht mittelmäßig sein!

Allerdings ließ mich die Geschichte von den zwei Geigen ahnen, dass es noch eine andere Wahrheit über die von mir maßlos idealisierte erste Geige geben musste und auch eine andere Wahrheit über die von mir abgewertete zweite, dritte oder vierte Geige.

Nicht gut genug ...

Auf einer Spruchkarte irgendwo in einem Ständer las ich einmal den witzigen Spruch: »Wir kommen alle noch mal groß raus!« Ist das der geheime Wunsch, den viele von uns hegen? Ich glaube schon.

Erster sein, den Ton angeben, sich hervortun, gehört werden, sich vom Durchschnitt abheben – wer möchte das nicht? Lieber die erste Geige sein als die zweite. Schon die Jünger Jesu diskutierten diese Fragen untereinander, wer denn nun der Größte unter ihnen sei, und die Mutter von Jakobus und Johannes versuchte gar, ihren Söhnen die besten Plätze im Himmel reservieren zu lassen. Nicht irgendwelche Plätze, nein, es sollten die rechts und links vom Thron Jesu sein!

Mir begegnen viele Menschen – nicht nur in ihrer Lebensmitte –, denen solche Gedanken nicht fremd sind. Sie spüren eine tief sitzende Unzufriedenheit in sich, haben das Gefühl, nichts erreicht, Ziele und Lebensideale nicht verwirklicht zu haben – oder nur mittelmäßig. Die meisten Menschen, die mit den unterschiedlichsten Problemen zu uns in die Beratung kommen, kennen diese inneren Kämpfe, ringen mit diesem Thema. Viele führt dies in Entwicklungsprozesse oder zu Schritten mit weit reichenden Folgen.

Ich erinnere mich an eine junge Frau, die abrupt und tief gekränkt aus einer christlichen Lebensge-

meinschaft ausstieg, als sie nach Jahren feststellte, dass sie immer noch keine führende Position in Aussicht hatte. Oder ich denke an einen Mann, Mitglied einer Gemeinde, der sein Amt nach jahrelangem treuem Dienst niederlegte, weil er nie öffentlich anerkannt oder geehrt worden war. Sie wollten nicht mehr die zweite Geige spielen ...

Wie kommt es, dass es vielen von uns so schwer fällt, sich mit dem Mittelmaß zu begnügen? Sollte man das Ringen mit der eigenen Begrenztheit denn so einfach aufgeben? Würde man sich damit nicht selbst verleugnen? Wäre es dann überhaupt noch möglich, sich weiterzuentwickeln? Würde es nicht bedeuten, die tiefsten ureigensten Wünsche und Ideale aufzugeben? Oder geht es einfach nur um eine schlichtweg zu hohe Messlatte, die manche Menschen an sich und ihr Leben anlegen?

Mich haben diese Fragen lange beschäftigt, und als ich darüber nachdachte, stieß ich auf die Lebensgeschichte eines Menschen, dem das Schicksal der zweiten Geige nur zu bekannt gewesen sein muss.

II. Vom Schneeball zur Lawine

Grunderfahrungen

»Menschsein heißt, sich minderwertig fühlen.« So lautet eine der Grundaussagen des Psychotherapeuten Alfred Adler. Das heißt, dass ein Gefühl der Minderwertigkeit jedem Menschen in gewisser Weise zu Eigen ist. Fast alle Menschen, mit denen ich über diese Dinge ins Gespräch komme, bestätigen mir, dass sie mit Minderwertigkeitsgefühlen vertraut sind.

Das ist sicherlich in erster Linie auf ein Ereignis zurückzuführen, von dem die Bibel in ihrem ersten Kapitel berichtet: dem Abfall des Menschen von Gott. Er geschieht in dem Moment, als er Misstrauen gegen Gott in seinem Herzen zulässt, mit allem, was daraus erwächst. Bei dieser größten Tragödie der Menschheit verliert der Mensch das Paradies, das heißt die direkte Verbindung zu seinem Gott, dem »großen Bejaher«, und damit zur Quelle seiner Bestätigung und Annahme. Danach kommen Angst, Scham, Mühsal, Tod in sein Leben und auch ein Gefühl von Mangel und Minderwertigkeit. Abgeschnitten von der Quelle ... Zu diesem grundlegenden Verlust kommen die individuellen Verletzungen hinzu, die sich jeder Mensch im Laufe seines Lebens zuzieht.

Daraus resultiert ein innerer Zustand des Menschen, den Seelsorger wie Leanne Payne oder Henry Nouwen als »Gebrochensein« bezeichnen. Der Schaden in vielen von uns ist weitaus größer, als wir vermuten. Wie groß, das zeigt die zerschundene, gebrochene Gestalt Jesu am Kreuz von Golgatha. Er allein hat die Tiefen unserer Gebrochenheit durchmessen. Er ist der Einzige, der um das ganze Ausmaß der Bedrängnisse in unserer Seele weiß.

Unsere Verletzungen haben häufig mit der Erfahrung von Ablehnung zu tun, mit Momenten, wo wir jemandem nah sein wollten und nicht wussten, wie, mit Kränkungen, Demütigungen und vielfach auch mit Mangel, wo in uns etwas leer und unerfüllt geblieben ist. Es sind Erfahrungen, die tiefe Spuren hinterlassen und in der Regel in unseren ersten sechs Lebensjahren liegen. Und immer spielt das Empfinden, nicht zu genügen, mit einem Makel behaftet oder minderwertig zu sein, eine Rolle.

Minderwertigkeit führt folgerichtig zu Selbstablehnung. Dies ist mir vor einigen Jahren klar geworden, als ich eine Situation erlebte, die mich mit meinen tief verborgenen und verschütteten Gefühlen der Selbstablehnung in Berührung brachte. Ich hatte mich mit einer Gruppe von Frauen getroffen, wir wollten füreinander beten. Mir ging es zu diesem Zeitpunkt schlecht und ich war in großer Schwachheit dabei. Eine Freundin, die dies bemerkte, legte ihren Arm um mich und schaute mich liebevoll an, während sie für mich betete. Als ich später wieder zu Hause war, ging mir diese Begebenheit nach und ich spürte ein Gefühl von Unbehagen in mir. Zuerst wollte ich das Ganze beiseite schieben, aber ich spürte, wie der Heilige Geist mich drängte, dem nachzugehen. Warum hatte ich mich so unbehaglich gefühlt?

Nach und nach wurde mir bewusst, dass es mir unangenehm gewesen war, dass meine Freundin meine Schwäche, meine Bedürftigkeit gesehen hatte. Ich schämte mich dafür. So mit meinen Gefühlen konfrontiert, nutzte ich die Gelegenheit, um aufzuschreiben, was ich fühlte:

Ich hasse dieses Gefühl von Minderwertigkeit, von Unwertsein. Ich hasse es von ganzem Herzen. Ich tue alles dafür, um es loszuwerden, alles. Und wenn das nicht geht, soll es wenigstens keiner merken. Ich fühle mich nicht liebenswert, uninteressant – ich bin nichts – ein schreckliches Gefühl. Und weil dies Empfinden offenbar zu mir gehört, an mir klebt, hasse ich mich selbst. Und ich ziehe mich zurück, weil ich mich schäme und keiner meinen Schmerz sehen soll. Mein Lebensziel: eine Person aufzubauen, die stark, selbstbewusst, selbstsicher auftritt. Und es trifft mich zutiefst, wenn mich jemand durchschaut und meine Bedürftigkeit sieht – davor fliehe ich.

Nicht umsonst spricht Leanne Payne, wenn es um die Selbstablehnung geht, sogar von Selbsthass.

Auch Jakob muss diese Gebrochenheit tief in seinem Herzen gespürt haben. Wir kennen seine Geschichte aus der Bibel, ganze zehn Kapitel im 1. Buch Mose sind ihm gewidmet. Diese Familiensaga mit ihrer Dynamik ist nicht nur für Familientherapeuten höchst interessant; es lohnt sich für jeden, sie eingehend zu studieren (1. Mose 25–35).

Jakob und Esau sind Zwillinge. Jakob ist der Jüngere, er ist zarter und schwächer. Beide Brüder kämpfen schon im Mutterleib miteinander, aber Esau erweist sich bei der Geburt als durchsetzungsfähiger. Jakob bleibt nur noch, sich an die Ferse des Ersten zu hängen, er muss sich mit dem zweiten Platz begnügen. (Es ist interessant, wie es Zwillingen in der Regel sehr bewusst ist, wer von ihnen der Ältere ist, selbst wenn es nur um Sekunden Unterschied geht.) So kommt es, dass Esau im Besitz des Erstgeburtsrechts mit allen dazugehörenden Vorteilen ist.

Schon bald wird deutlich, dass Esau auch über die männlicheren Attribute verfügt: Er ist rau und behaart, wild, ein Jäger, auf dem Feld zu Hause – Papas Liebling. Was mag das für Jakob in einer stark patriarchalischen Gesellschaft bedeuten? Jakob ist Mamas Liebling, der gern »bei den Zelten bleibt«, der zwar ein leckeres Süppchen kochen kann, als Jäger aber denkbar ungeeignet ist. Wie muss Jakob sich fühlen bei dem stolzen Blick seines Vaters und dem anerkennenden Raunen in der Männerrunde, wenn Esau mit ruhiger Gelassenheit den Bogen spannt und das Wild treffsicher erlegt? Esau ist vom Vater anerkannt, ein Sohn nach seinem Herzen, der sein Wohlwollen genießt; bei sich selbst ist Jakob da nicht so sicher. Vielleicht liegt hierin die Wurzel seiner Gebrochenheit. Erfahrungen dieser Art können das erwachende Selbstwertgefühl eines Menschen zutiefst beschädigen und einen tiefen, oft sehr verborgenen Schmerz in uns verursachen.

... dann hast du ein Problem

Zweiter sein – Jakob hat ein Problem damit, das ihn später in ernste Schwierigkeiten bringt. Ich habe mir dazu Gedanken gemacht, spekuliert, was in ihm vorgegangen sein mag, denn auch ich bin eine Zweitgeborene.

Erster oder Zweiter oder Dritter sein sind zunächst einmal neutrale Erfahrungen. Wer sagt, dass es schlechter ist, Zweiter zu sein? Warum muss Erster zu sein automatisch heißen, jemand Besseres zu sein? Abel ist auch Zweiter und König David sogar Jüngster, das heißt Letzter. Und es wird nirgendwo berichtet, dass sie damit ein Problem haben. Als Davids Vater seine Söhne zusammenruft, weil der Prophet Samuel einen von ihnen zum König salben will, wird David schlichtweg vergessen. Er verrichtet draußen auf dem Feld bei den Schafen die niedrigste Arbeit, aber er schreibt die schönsten Liebeslieder für seinen Gott!

»Erhebe etwas zum Problem, dann hast du ein Problem.« So sagt es der Psychotherapeut Reinhold Ruthe bei seinen Lehrvorträgen immer wieder. Jakob erhebt die Tatsache, dass er der Zweite ist, zum Problem. Damit schafft er sich ein Problem, das über die Jahre immer größere Dimensionen annimmt.

Bei allem, was uns begegnet, kommt es auf unsere Deutung an. Wie wir die Dinge beurteilen, ist entscheidend, daraus resultieren die grundlegenden Weichenstellungen unseres Lebens. Wie beurteile ich mein Elternhaus, mein Aussehen, meinen Wert? Wie beurteile ich, dass ich nicht studiert habe, kleinwüchsig bin oder unsportlich? Ist es für mich okay oder ein Makel? Ist das Glas für mich halb voll oder halb leer?

Ich kenne einen Mann, der den ersten Psychoseschub in seiner Jugendzeit zu dem Zeitpunkt bekam, als er vor dem Abitur von einem »sehr gut« in Mathematik auf ein »gut« abrutschte. In seiner Beurteilung kam diese Entwicklung einem Weltuntergang gleich. Natürlich spielten die Lebensgeschichte und die Herkunftsfamilie dieses Mannes eine wichtige Rolle bei dieser Einschätzung.

Neid

Jakob ist nicht zufrieden mit seiner Position, sie ist für ihn nicht okay. Für ihn ist sie nicht neutral,

sondern er erlebt sie als Zurücksetzung, Zumutung, Ungerechtigkeit. Er bewertet sie als minderwertig. Und aus Minderwertigkeit erwachsen fast immer Neid und Konkurrenzdenken, Vergleichen und Bitterkeit. Der Neid sagt: »Ich will auch. Ich will auch diese Position, diesen Erfolg, dieses Ansehen.« Insofern hat Neid immer etwas mit Habsucht zu tun.

Die Bibel führt den Neid unter den »Werken des Fleisches« auf. Es gibt Sünden, die zueinander gehören und so miteinander verquickt sind, dass Paulus sie in einem Atemzug nennt. Eine zieht die andere fast automatisch nach sich (Galater 5,19–21): »Offenbar aber sind die Werke des Fleisches; es sind: (...) Feindschaften, Hader, Eifersucht, Zornausbrüche, Selbstsüchteleien, Zwistigkeiten, Parteiungen, Neidereien (...)«

Neid lässt sich auch als Haltungs- oder Wurzelsünde bezeichnen. Er zieht in der Regel rebellische Festlegungen nach sich: »Ich werde diese Zurücksetzung nicht akzeptieren. Ich lasse mir das nicht vorenthalten! Nicht mit mir!« Dies sind häufig sehr frühe, innere Schwüre, die wie bittere Wurzeln ihre Umgebung vergiften und wirksam sind, bis wir sie widerrufen.

Lange Zeit dachte ich, Neid sei für mich kein Thema, bis ich mich mit diesen Dingen beschäftigte. Wie gesagt, bin auch ich eine Zweitgeborene, ich habe einen jüngeren und einen älteren Bruder. Dieser ältere Bruder gehörte schon in der

Schule immer zu den Besten, was mir leider nicht vergönnt war. Inzwischen habe ich meine eigenen Stärken und Fähigkeiten entdeckt. Aber damals war ich noch nicht so weit; ich sah nur meinen Mangel, meine Mittelmäßigkeit – und seinen Erfolg und die Anerkennung, die er dadurch bekam, und diese Anerkennung wollte ich auch! Doch wie sehr ich mich auch bemühte, meine Leistungen waren meist nur durchschnittlich.

An dieser Stelle möchte ich mich an alle Eltern wenden, die entmutigt sind und sich für jedes Fehlverhalten und alle Schwierigkeiten ihrer Sprösslinge verantwortlich machen. Ich kenne viele Eltern, die zeitweise unter dem Gefühl leiden, in der Erziehung ihrer Kinder komplett versagt zu haben. Mir ist bewusst, dass meine Eltern sich immer bemüht haben, mich in meinen Fähigkeiten zu unterstützen. Sie haben meine Begabungen anerkannt, mich gelobt und gefördert. Sie haben uns Kinder nicht untereinander verglichen oder einen dem anderen als leuchtendes Vorbild hingestellt. Ihnen war die Gefahr deutlich bewusst, in der ich stand, neben meinem erfolgreichen Bruder auf die Minderwertigkeitsschiene zu geraten. Aber ihre Bemühungen mussten ins Leere laufen, weil ich mich schon sehr früh in meinem Leben entschieden hatte, die Fähigkeiten meines Bruders höher zu bewerten als meine eigenen, die eher im musischen Bereich lagen. Natürlich sind diese frühen Festlegungen unbewusste Entscheidungen, aber es sind trotzdem Entscheidungen, und als solche haben sie weit reichende Folgen für unser Leben. Meinen Eltern ist es trotz allen Bemühungen an dieser Stelle nicht möglich gewesen, mich davor zu bewahren.

Überhöhte Ziele

Mangel zielt immer darauf ab, eben diesen Mangel zu beheben. Ein trockener Schwamm saugt Wasser auf, ein Vakuum füllt sich mit Luft, sobald es geöffnet wird. Durst schreit immer nach Wasser, Hunger nach Brot. Wir alle kennen aus der Physik das Prinzip der kommunizierenden Röhren oder das der Osmose und Diffusion. Immer wird ein Ausgleich angestrebt.

Dies Prinzip lässt sich auch psychologisch anwenden. Der Mensch, der sich minderwertig fühlt, erlebt die anderen als über sich stehend. Er empfindet sich als unwert, ausgeschlossen, nicht akzeptiert. Er fühlt sich erniedrigt, nicht in die Gemeinschaft aufgenommen und meint, dass die anderen von oben auf ihn herabschauen. Und natürlich will er diesen Mangel in irgendeiner Weise ausgleichen, denn ein solcher Zustand ist auf Dauer unerträglich.

Einem Menschen, der in seinem Selbstwert beeinträchtigt ist, genügt jedoch ein »normaler« Ausgleich nicht, durch den er wieder auf Augenhöhe mit seinen Mitmenschen kommen würde. Er strebt nach Überlegenheit, um sich in der Gemeinschaft gleichwertig zu fühlen, das heißt, er schießt über das Ziel hinaus, welches die Gemeinschaft mit anderen auf gleichwertiger Ebene ist.

Daher sagt Alfred Adler, dass ein entmutigter Mensch immer überkompensiert (oder aber dekompensiert, also komplett aus dem Rahmen fällt, das ist die zweite Variante des neurotischen Alles-oder-nichts-Prinzips), das heißt, er muss besser sein als andere, um sich ihnen ebenbürtig zu fühlen. Um annehmen zu können, dass er von den anderen akzeptiert wird, muss er witziger, beliebter, erfolgreicher, schöner sein als sie. Oder in der frommen Variante: bibelfester, hilfsbereiter, geistlicher, demütiger. Adler legt in seiner Individualpsychologie auch für den Laien nachvollziehbar dar, wie auf dem Boden von Minderwertigkeitsgefühlen und dem daraus erwachsenden Streben nach Überlegenheit alle Arten von Beziehungsproblemen bis hin zu psychischen Störungen und Krankheiten gedeihen.

Wer sich so verhält, unterliegt natürlich einem fatalen Irrtum, denn Anstrengungen dieser Art können das Minderwertigkeitsgefühl nicht beheben. Im Gegenteil, es verstärkt sich noch, weil sich ein Streben nach Überlegenheit – wie könnte es anders sein – negativ auf unsere Beziehungen auswirkt, es ist ein regelrechter Beziehungskiller. Wenn ich besser sein will als die anderen, auf wessen Kosten geht das dann?

Ich möchte auf mein Beispiel von oben zurückkommen. Der Mann, von dem ich sprach, war nicht zufrieden mit der Einbindung und der Aufgabe, die er in seiner Kirche hatte. Die Anerkennung seiner Hingabe und seines Engagements durch die anderen Mitarbeiter genügte ihm nicht. Nein, er brauchte das Lob des Pastors und der Ältesten. Und das am besten noch öffentlich vor der versammelten Gemeinde! So hätte er das natürlich nie zugegeben. Es kann sogar sein, dass er dieses Verlangen noch nicht einmal sich selbst gegenüber eingestehen konnte. Als er jedoch diese Anerkennung nicht bekam, legte er sein Amt, das ihm Spaß gemacht und auch seinen Neigungen und Begabungen entsprochen hatte, beleidigt nieder. Welch ein Anspruch! Und welche Tragik in letzter Konsequenz.

Viele Menschen stecken sich, aufgrund der inneren Not ihrer Minderwertigkeitsgefühle, stark überhöhte Lebensziele. Ich kenne Christen mit den unglaublichsten Visionen und Ideen, aber in ihrem alltäglichen Leben kommen sie oft nur schlecht klar. Da engagiert sich eine Frau in Gemeinde und Beruf für andere Menschen und alle sind des Lobes über sie voll, aber die Familie bekommt kaum mal ein warmes Essen auf den Tisch und ihr Mann sitzt in sexueller Hinsicht völlig auf dem Trockenen. Wir spüren: Das kann es nicht sein! Ich schätze Einsatz und Eifer für Gott sehr und ich glaube, dass Gott Großes tun will! Aber um große Visionen umsetzen zu können, braucht er Menschen, deren ganz normales Leben Festigkeit und Substanz besitzt und die sich erst einmal dort als treu und zuverlässig erweisen.

Die überhöhten Ziele, die dem Betroffenen in der Regel nicht bewusst sind, wirken wie innere Antreiber, wovon die fünf wichtigsten heißen: »Sei perfekt! Sei anderen gefällig! Streng dich an! Sei stark! Beeil dich!«[3] Dies sind die Stimmen unserer Vergangenheit, die uns Zeit unseres Lebens nicht zur Ruhe kommen lassen, solange wir sie nicht entlarven. Man kann sich leicht vorstellen, wie es einem Menschen ergeht, der unter dem Einfluss solcher Appelle steht. Sein Bemühen reicht nie aus; was er erreicht, ist nie genug, es könnte immer noch besser sein – so empfindet er es zumindest. Der Antreiber stachelt ihn zu unglaublichem Ehrgeiz an. Ich kenne viele Menschen, die nie richtig entspannt sein können, die immer irgendwie »herumwuseln«.

Ich behaupte, dass viele Christen ihre Dienste und frommen Aktivitäten nicht aus einer Geborgenheit bei Gott heraus tun oder in seinem Auftrag, sondern auf Grund dieses inneren Getriebenseins. Das Resultat sind dann Erschöpfungszustände, Hörstürze und vieles mehr – ich spreche aus eigener Erfahrung. Auch ich kenne Zeiten, in denen fast jeder Abend der Woche mit irgendwelchen Treffen, Gottesdiensten, Hauskreisen etc. ausgebucht war, natürlich alles »für den

Herrn«. Ich erinnere mich noch gut an meine empörte, fast angewiderte Reaktion, als mein Mann mir ernsthaft sagte, ich müsse es lernen, die Zeit einfach mal verstreichen zu lassen! Die Zeit verstreichen lassen! Wie ungeistlich! War es nicht so, dass wir die Zeit auskaufen sollen? – Inzwischen habe ich an dieser Stelle dazugelernt und es geht mir weitaus besser als früher ... Damit will ich nicht sagen, dass es nicht auch etliche gibt, die es lernen müssen, die Ärmel hochzukrempeln, aus dem Sessel zu kommen und endlich das umzusetzen, was der Herr ihnen vielleicht schon seit Längerem gezeigt hat. Auch die gibt es. Bei mir war es andersherum.

Zusammen mit dem Antreiber, der uns sagt, was wir tun müssen, ist der Entmutiger mit seiner gegenläufigen Botschaft an die Minderwertigkeit gekoppelt und in uns am Werk. Ständig flüstert er uns ein: »Du schaffst es ja doch nicht. Es hat alles sowieso keinen Zweck. Du wirst nie wirklich erfolgreich sein!« Dies verursacht eine ungeheure Spannung in uns, eine große innere Zerrissenheit und Angst. Dieser ständige innere Widerstreit zwischen Antreiber und Entmutiger zieht unglaublich viel Energie ab. Menschen, die darunter leiden, fühlen sich, als ob sie ständig mit angezogener Handbremse fahren würden. Gottes Prozess der Wiederherstellung zielt im Wesentlichen darauf ab, diese quälenden Stimmen zum Schweigen zu bringen, damit wir es lernen, auf die Stimme des guten Hirten zu hören. Das Drängen des Heiligen Geistes ist etwas grundlegend anderes als der Druck, den wir uns selbst machen.

Gestörte Beziehungen

Wenn wir dazu neigen, uns ständig zu vergleichen, sehen wir andere oft als Konkurrenten an. Sie erscheinen uns als Bevorzugte, denen es besser geht als uns, die mehr haben, mehr wissen, mehr können und daher von vornherein mit Vorsicht zu genießen, vielleicht sogar – in der Regel sehr subtil – zu bekämpfen sind.

Wer sich benachteiligt fühlt, entwickelt häufig eine Logik, die ihn zu allem, auch zu einer Straftat berechtigt. Diese Haltung findet sich zum Beispiel bei jugendlichen Kriminellen, die sich selbst oft als Opfer ihrer Lebensumstände und somit als völlig schuldlos ansehen.

Bei Jakob führt diese Haltung dazu, dass er zunächst seinen Bruder in einem Moment von Schwachheit austrickst. Als nächstes betrügt er – angestachelt von seiner Mutter – seinen alten erblindeten Vater und beschafft sich das, was schon lange Gegenstand seines Neids gewesen ist, nämlich den väterlichen Segen, der eigentlich dem Erstgeborenen zugedacht ist. Die Bibel beschreibt sehr eindrücklich, wie maßlos Isaak enttäuscht und wie verzweifelt und zornig Esau ist, als der

Schwindel auffliegt: ge- und zerstörte Beziehungen ...

Eine gewisse Seelenverwandtschaft mit Jakob ist bei all denjenigen zu vermuten, die sich dabei ertappen, wie sie den listigen Jakob in Schutz nehmen und sein Vorgehen rechtfertigen, so nach dem Motto: »Esau ist selbst schuld, er hätte sich auf diesen Tauschhandel ja nicht einlassen müssen.« Ich kenne diese Überlegungen von mir.

Und natürlich stellt sich die Frage, was Esau sein Erstgeburtsrecht wert sein mag, wenn er bereit ist, es für eine Linsensuppe zu verscherbeln und auch, was das über seine Gottesbeziehung aussagt.

Und so kommt es, dass Jakob vor seinem Bruder fliehen muss, um sein Leben zu retten. Viele Jahre gehen ins Land, Jakob hat längst Frau und Kinder, als er schließlich doch wieder von seiner Vergangenheit eingeholt wird. Die christlichen Autoren John und Paula Sandford sagen in einem ihrer Bücher sinngemäß, dass die Mühlen der Gerechtigkeit Gottes zwar langsam mahlen, aber immer zum Ziel kommen ... Die Bibel weist uns deutlich auf das Gesetz von Saat und Ernte hin (Galater 6,7): »Irrt euch nicht, Gott lässt sich nicht verspotten! Denn was ein Mensch sät, das wird er auch ernten.«

Mit den geistlichen Gesetzen verhält es sich wie mit den Naturgesetzen, die wirksam sind, ob wir sie kennen oder nicht: Das Gesetz der Schwerkraft wird bei einem falschen Tritt auf einer Bergwanderung wirksam, ob ich nun damit vertraut bin oder nicht. Wir ernten immer, was wir zuvor gesät haben und wenn es Jahre oder ein ganzes Leben dauert. Es ist eben nicht so, dass jeder »nach seiner eigenen Fasson selig werden« kann. Unsere Seligkeit braucht gewisse Voraussetzungen und Gegebenheiten, um in unserem Leben Wurzeln schlagen und sich entfalten zu können.

Fachleute gehen davon aus, dass in einem Beziehungskonflikt beide Beteiligten je 50 % dazu beisteuern. Wir sehen jedoch häufig nur den Anteil des anderen. Die Logik, die sich dabei fatal auswirkt, kennen wir von Kindertagen an: »Der andere hat angefangen!« Schon zu Beginn der Menschheitsgeschichte hören wir den Satz: »Eva war's. Die hat mir den Apfel gegeben.« Der andere ist schuld, ich bin nur Opfer!

In vielen Eheberatungen geht es nicht weiter, weil beide mit ausgestrecktem Zeigefinger dasitzen und keiner bereit ist, seinen eigenen Balken anzuschauen, bevor er sich mit dem Splitter des anderen befasst. Und häufig wäre das dann gar nicht mehr nötig, denn wenn ich anfange, vor meiner eigenen Haustür zu kehren, wenn ich mich verändere, dann kann und wird mein Partner nicht so bleiben, wie er ist. Eine solche Bereitschaft zieht oft erstaunliche Veränderungen nach sich, weil Gottes Segen darauf liegt. Das erleben wir immer wieder, Gott sei Dank!

An der Grenze

Kehren wir nun zurück zu Jakob. Er sieht sich erst nach vielen Jahren mit der Ernte seiner Saat konfrontiert, als er erfährt, dass sein Bruder Esau ihm mit einer Schar von 400 Männern entgegenkommt.

Eine brenzlige Situation für Jakob. Nach so vielen Jahren holt seine Vergangenheit ihn doch noch ein, und er hat gemeint, ihr entfliehen zu können. Aber inzwischen haben wir ihn ja kennen gelernt. Noch meint er, alles im Griff zu haben, ein cleverer Plan ist parat. Bei der geplanten Vorgehensweise spielt wieder seine Hinterlistigkeit eine Rolle – lieber erst mal ein paar Esel, Ziegen und Knechte opfern, als selbst dran glauben müssen. Natürlich ist es höchst ungewiss, ob seine Rechnung aufgehen wird. Wenn Esau sich mit seinen Geschenken nicht abspeisen lässt, weiter an seinen Rachegelüsten festhält und mit seinen Männern zuschlägt, gibt es kaum eine Überlebenschance für Jakob und seine Familie.

Vielen Menschen ist nicht bewusst, dass die meisten Unannehmlichkeiten ihres Lebens direkte Folge ihres eigenen Lebensstils sind, getreu dem Gesetz von Saat und Ernte. Diese Zusammenhänge werden oft im Gespräch mit Menschen deutlich, meist jedoch nicht auf den ersten Blick. Wenn wir im Laufe unseres Lebens an eine Grenze kommen bzw. in eine Krise geraten, dann hat das immer eine Vorgeschichte.

III. Die Begegnung

Nun folgt eine der Begebenheiten in der Bibel, über denen ein tiefes Geheimnis liegt:

»Und er stand in jener Nacht auf, nahm seine beiden Frauen, seine beiden Mägde und seine elf Söhne und zog über die Furt des Jabbok; und er nahm sie und führte sie über den Fluss und führte hinüber, was er hatte.

Und Jakob blieb allein zurück. Da rang ein Mann mit ihm, bis die Morgenröte heraufkam. Und als er sah, dass er ihn nicht überwältigen konnte, berührte er sein Hüftgelenk; und das Hüftgelenk Jakobs wurde verrenkt, während er mit ihm rang. Da sagte er: Lass mich los, denn die Morgenröte ist aufgegangen! Er aber sagte: Ich lasse dich nicht los, es sei denn, du hast mich vorher gesegnet. Da sprach er zu ihm: Was ist dein Name? Er sagte: Jakob.

Da sprach er: Nicht mehr Jakob soll dein Name heißen, sondern Israel; denn du hast mit Gott und mit Menschen gekämpft und hast überwältigt. Und Jakob fragte und sagte: Teile mir doch deinen Namen mit! Er aber sagte: Warum fragst du denn nach meinem Namen? Und er segnete ihn dort. Und Jakob gab der Stätte den Namen Pnuel: denn ich habe Gott von Angesicht zu Angesicht gesehen, und meine Seele ist gerettet worden! Und die

Sonne ging ihm auf, als er an Pnuel vorüber kam; und er hinkte an seiner Hüfte.« (1. Mose 32,23–32)

Als ich über diesen Text nachgedacht habe, sind mir ein paar Dinge eingefallen, die mir im Hinblick auf unser Thema wichtig erscheinen.

Wenn wir Gott begegnen, werden wir nicht bleiben, wie wir sind. In seiner Gegenwart verändern wir uns, und dies ist ein lebenslanger Prozess (2. Korinther 3,18): »Wir alle aber schauen mit aufgedecktem Angesicht die Herrlichkeit des Herrn an und werden so verwandelt in dasselbe Bild von Herrlichkeit zu Herrlichkeit, wie es vom Herrn, dem Geist, geschieht.«

Oft findet unsere Begegnung mit Gott in äußerster Finsternis statt – doch wenn sie geschieht, ist das Morgenrot nicht mehr weit.

Allein mit Gott

Wie gesagt, meist sind es die Unannehmlichkeiten, in die wir uns durch unseren Lebensstil hineinmanövriert haben, die uns zum Innehalten zwingen. Das sind die bedeutenden Momente im Leben eines Menschen, die darüber entscheiden, ob uns etwas zum Segen werden kann oder nicht, ob wir geläutert oder verbittert daraus hervorgehen. Segen erwächst aus solchen meist sehr schmerzvollen Situationen, wenn wir mit Gott ins Reine kommen, die Dinge mit ihm klären, ernsthaft die Frage stellen: »Gott, was willst *du mir* sagen?«

Oft braucht es lang, bis wir zugeben können, dass wir an der Grenze sind, selbst nicht mehr weiterwissen, am Ende unserer Möglichkeiten, unserer Fähigkeiten, unserer Kraft angelangt sind. Manche Leute können diesen Zeitpunkt erstaunlich lang hinauszögern, sodass ich mich gelegentlich frage, was noch alles passieren muss, bis sie sich dieser Erkenntnis stellen.

Wir Menschen versuchen bis zum bitteren Ende, unsere Probleme – im Sinne von Symptombehandlung – selbst zu kurieren, bevor wir bereit werden, uns mit den Hintergründen unser Schwierigkeiten zu befassen. Und dabei brauchen wir in der Regel Hilfe. Sind wir bereit, Gott nicht nur zu fragen, was hinter unseren seelischen Problemen steckt, sondern auch hinter unseren körperlichen? Oder auch hinter anderen immer wiederkehrenden, hartnäckigen Schwierigkeiten wie Beziehungsproblemen oder einem Lebensstil, der von »Pleiten, Pech und Pannen« gekennzeichnet ist?

Ich selbst musste über Jahre immer wieder depressive Abstürze durchleben, bis ich an diesem Punkt war. Manchmal kann Gott erst dann etwas für uns tun, wenn wir nichts mehr haben, woran wir uns festhalten können, nichts mehr, worauf wir vertrauen können, nicht einmal uns selbst.

Jakob hat Angst. Er ist in die Enge getrieben.

Immer deutlicher wird ihm bewusst, dass er an einer Grenze angelangt ist.

Plötzlich ist Jakob allein mit Gott. Da ist nichts mehr, was ihn ablenken kann, kein Ort mehr, an den er fliehen kann, nichts mehr, was er tun kann. Nur Dunkelheit, er – und Gott. Mit viel Aufwand versuchen wir in der Regel diesen Moment der Begegnung mit Gott hinauszuzögern, wenn nicht sogar, ihm zu entfliehen. Viele Christen berichten im seelsorgerlichen Gespräch, wie sie sich dabei ertappen, alles Mögliche vorzuschieben, um diese stillen Zeiten mit Gott zu verhindern. Da ist auf einmal ein Telefonat zu führen, man hat Hunger und muss sich etwas zu essen machen, man kann sich nicht von der Zeitung loseisen. Und wenn es dann wirklich einmal gelingt, hat man das Gefühl, nicht durchzudringen und wie gegen die Wand zu beten. Man erlebt Gott als unendlich fern.

Was ist es, was uns Menschen davor zurückschrecken lässt, mit unserem Gott allein zu sein? Denn ist nicht der Grund für unsere Geschäftigkeit, unser Hin- und Herrennen einfach der, dass wir diesen Momenten ausweichen wollen? Nur nicht allein sein mit Gott! Aber warum ausweichen? Was befürchten wir?

Ich glaube, dass viele von uns nicht wirklich glauben können, dass Gott mit Wohlwollen auf sie sieht und sie liebt, sie gut findet. Denn zu den Stimmen des Antreibers und Entmutigers gesellt sich irgendwann noch eine dritte: die des großen

Anklägers, der uns zuflüstert: »Du bist nicht okay. Du bist schuldig. So wie du bist, kannst du Gott nicht unter die Augen treten.« Diese drei – Antreiber, Entmutiger und Ankläger – bilden ein äußerst erfolgreiches Team. Unter dem Einfluss dieser unheiligen Dreiheit werden wir von immer wiederkehrenden diffusen Schuldgefühlen geplagt. Sie lassen sich nicht abschütteln und verfolgen uns mit ihren Einflüsterungen wie Quälgeister. Wenn wir ihnen Jahre unseres Lebens Raum gegeben haben, dann bauen sie in unserem Herzen regelrechte Bollwerke, massive geistige Festungsanlagen. Daher spricht die Bibel davon, dass unser Kampf nicht mit Fleisch und Blut ausgetragen wird, sondern mit geistigen Mächten (Epheser 6,12).

Wenn wir dem Ankläger Glauben schenken, beginnt unser Herz uns zu verdammen, wir werden unruhig und getrieben und haben keine Freimütigkeit, unserem Gott zu begegnen, uns in seinen Armen zu bergen (1. Johannes 3,18–22). Das Resultat ist, dass wir beginnen, uns zu verstecken, und Gottes Ruf geht ins Leere: »Adam, wo bist du?«

Der Ankläger verleitet uns dazu, uns darauf zu konzentrieren, dass wir schuldig sind. So können wir den Bereich unseres Lebens nicht mehr sehen, über den Gott das Urteil »sehr gut« spricht. Dieser Bereich ist unser eigentlicher Kern, unsere ursprüngliche, von Gott geschaffene Persönlichkeit. Leanne Payne und andere seelsorgerliche Autoren sprechen hier vom »wahren Selbst«, und in der

Bibel finden wir die Bezeichnung »innerer Mensch« oder »inwendiger Mensch«. Darüber schreibt Paulus im Brief an die Römer (Römer 7,22): »Denn ich habe nach dem inneren Menschen Wohlgefallen am Gesetz Gottes.« Das heißt, seiner Anlage nach kooperiert der innere Mensch mit Gott und seinem Willen und ist daher »sehr gut«; und diese Anlage ist im Menschen tiefer verankert als die Sünde.

Aus dem Empfinden des inneren Menschen heraus ist der längste Psalm der Bibel verfasst worden, ein einziger Lobgesang auf Gottes gute Liebesgebote und Satzungen – Psalm 119: »Glücklich sind, die im Weg untadelig sind, die im Gesetz des Herrn wandeln. Glücklich sind, die seine Zeugnisse bewahren, die ihn von ganzem Herzen suchen (...) Gepriesen seist du, Herr! Lehre mich deine Ordnungen! An dem Weg deiner Zeugnisse habe ich Freude, mehr als an allem Reichtum.« Wie gut tut mir diese Erkenntnis, wo ich doch immer wieder gelehrt worden bin, dass der Mensch ausschließlich und nur böse sei.

Gott sieht beides: meine Schwachheit, mein Schuldigsein, meine Versäumnisse, aber auch diesen ursprünglichen, guten Kern meiner Persönlichkeit. Und er sehnt sich danach, dass ich mit allen Aspekten meines Seins bei ihm bin. Kann ich das glauben? Kann ich es fassen, dass Gott mich einlädt, mich mitsamt meiner Gebrochenheit, meinen Problemen, meinem Versagen und Ringen in den Armen meines himmlischen Vater zu bergen? Durch die Tatsache und Kraft von Karfreitag, Ostern und Pfingsten ist das möglich geworden. Nach Hause kommen – wieder angeschlossen sein an der Quelle ... Viele von uns müssen vom Tun zum Sein gelangen, zum Dasein beim Vater.

Vom Kampf zum Innehalten

Solange wir in Jakobs Lebensstil verhaftet sind, meinen wir, Gott seinen Segen abringen zu müssen. Wir glauben, um seinen Segen kämpfen zu müssen, so wie Jakob, der sich leidenschaftlich an Gott wendet: »Ich lasse dich nicht, du segnest mich denn.« Wir können nicht glauben, dass es Gottes größte Sehnsucht ist, uns zu segnen.

Mich erinnert die Begegnung zwischen Gott und Jakob an das Gleichnis vom verlorenen Sohn. Der katholische Theologe Henry Nouwen beschreibt in seinem Buch *Nimm sein Bild in dein Herz* seine Auseinandersetzung mit diesem Gleichnis. Angeregt dazu wurde er durch die eingehende Betrachtung des gleichnamigen berühmten Gemäldes von Rembrandt. Stunde um Stunde saß er in der Eremitage in St. Petersburg und ließ das gewaltige Bild auf sich wirken – das Ergebnis ist sein bemerkenswertes Buch. Daraus eine Passage:

Gott schuf den Menschen, Mann und Frau, als sein Abbild, und er sah, was er gemacht hatte, und siehe, es war sehr gut. Allen dunklen Stimmen zum Trotz können kein Mann und keine Frau das jemals ändern. Auf das eigene Sohnsein setzen ist jedoch keine leichte Wahl. Die dunklen Stimmen der Welt um mich herum versuchen, mich zu überzeugen, dass ich nicht gut bin und nur dann gut werde, wenn ich mir mein Gutsein verdiene, wenn ich es mir auf der Leiter der Leistung und des Erfolgs erarbeite. Diese Stimmen verleiten mich leicht dazu, dass ich jene Stimme vergesse, die mich »mein Sohn, mein geliebter« nennt und mich daran erinnert, dass ich unabhängig von jeglichem Verdienst und jeglicher Leistung geliebt bin. Die dunklen Stimmen übertönen die sanfte, leise, lichtspendende Stimme, die nicht aufhört, mich »geliebt« zu nennen.[4]

Damit ich mit erwartungsvoller Freude zu meinem himmlischen Vater kommen kann, müssen die dunklen Stimmen in mir zum Schweigen gebracht werden. Sich dieser Aufgabe zu stellen bedeutet geistlichen Kampf. Denn diese zerstörerischen Stimmen, diese »Vernünfteleien« und »Gedankengebilde« in uns erheben sich wie mächtige Festungsanlagen. Um sie zu schleifen, müssen unsere Gedanken, auch unser Denken über uns selbst, Christus und seiner Wahrheit unterstellt werden (2. Korinther 10,3–6): »Denn obwohl wir im Fleisch wandeln, kämpfen wir nicht nach dem Fleisch; denn die Waffen unseres Kampfes sind nicht fleischlich, sondern mächtig für Gott zur Zerstörung von Festungen; so zerstören wir Vernünfteleien und jede Höhe, die sich gegen die Erkenntnis Gottes erhebt, und nehmen jeden Gedanken gefangen unter den Gehorsam Christi.«

Leanne Payne formuliert in einem ihrer Bücher ein »Absagegebet an den Selbsthass«. Als ich vor Jahren entdeckte, wie stark ich von dieser Haltung infiziert war, habe ich es bewusst gebetet. Es entstammt ihrem Buch *Verändernde Gegenwart*. Hier ein Auszug daraus:

Heiliger Vater, ich danke dir, dass ich durch den Tod deines Sohnes mit dir versöhnt bin (...) Herr Jesus Christus, du Sohn des Vaters, in dem ich bleiben will, in dem ich voll und ganz leben will und in dem ich mein wahres und neues Selbst finden will, ich bringe dir meinen Dank dar (...) Heiliger Geist, der du so beständig und treu uns die Liebe des Vaters und des Sohnes vermittelst, ich danke dir jetzt für die Gnade, all das zu empfangen, was mir als Kind Gottes zusteht (...) Ich habe jetzt meine Augen auf dich gerichtet, den sterbenden Erlöser, der meine Sünde und Dunkelheit, meine krankhaften Gefühle dir, anderen und mir selbst gegenüber in sich aufnimmt (...) Ich bekenne dir die Sünde des Stolzes, die in meinem Selbsthass steckt (...) Ich danke dir für deine Vergebung und völlige Befreiung davon (...) Herr, in deinem Namen und in der Gnade, die du über mir ausgießt, sage ich mich jetzt los von der Sünde des Selbsthasses.[5]

Leanne Payne schreibt über dieses Gebet:

Die Absage an den Selbsthass ist keine Kleinigkeit, besonders nicht für die Menschen, deren Persönlichkeit schon früh durch diese Haltung geprägt wurde. Sie erfordert, dass wir uns für das ganze Ausmaß der Bedeutung des Kreuzes öffnen, und dass wir es zulassen, mit dem gekreuzigten Christus konfrontiert zu werden, nicht nur in Bezug auf unsere Sünde, sondern auch in Bezug auf das Böse, das wir erlitten haben. Wir rufen: »Herr ich glaube! Hilf meinem Unglauben!« und empfangen dann alles, was seine Versöhnung bewirkt, und zwar in Fülle: Rechtfertigung, Heiligung (...) Die Absage an den Selbsthass ist ein bewusster (willentlicher) Schritt und wir richten dabei unsere Augen auf die Quelle unserer Erlösung, nicht auf unsere subjektiven Gefühle (...)[6]

Dieses Gebet war einer der wichtigsten Schritte auf meinem Weg der Heilung. Danach gab es immer wieder Situationen, in denen ich gefordert war, meine Gedanken dementsprechend »unter den Gehorsam Christi« zu bringen. Ich war schon länger in der Seelsorge- und Beratungsarbeit tätig, als ich selbst noch mit diesen Dingen kämpfte. Häufig kam es nach Beratungsgesprächen vor, dass ich sehr kritisch darüber reflektierte und anfing, mich selbst im wahrsten Sinne zu demontieren. Hätte ich nicht vieles anders und besser machen können? Wäre nicht dieser oder jener Aspekt auch noch wichtig gewesen? War ich dem Ratsuchenden in seiner Not wirklich gerecht geworden? Durch Grübeleien dieser Art kam ich immer wieder in die übelste Form von Selbstbespiegelung hinein.

Nachdem ich dieses Lossagegebet gesprochen hatte, fing der Heilige Geist an, mich bei solchen Gelegenheiten ernsthaft zu rügen. Er sagte: »Mein liebes Kind, hör endlich mit diesem Theater auf! Hast du mich nicht vor dem Gespräch um Hilfe und Weisheit gebeten und glaubst du, dass ich das gehört habe? Also – wirst du endlich damit aufhören, dich zu zerfleischen, ich will das nicht! Du hast deine Sache gut gemacht, gut genug.« Bei diesen Gelegenheiten wurde ich zum ersten Mal darauf aufmerksam, dass Gott Emotionen hat und sie auch äußern kann; in diesem Fall war er wirklich ärgerlich und ungehalten über mich. Er musste mich vor mir selbst schützen.

Sein deutliches, unmissverständliches Reden verfehlte seine Wirkung bei mir nicht. Ich begann, die dunklen Stimmen in mir zu töten, indem ich sie durch die Wahrheit ersetzte, und dies musste ich über einen längeren Zeitraum regelrecht trainieren: »Danke, Herr, für deinen Beistand und deine Hilfe. Du hast dieses Gespräch gesegnet, weil du mein Gebet hörst! Und so danke ich dir, dass es ein gutes Gespräch war und dass du mit mir zufrieden bist! Amen!« Inzwischen sind die anklagenden Stimmen in mir verstummt.

An diesem Beispiel wird deutlich, dass es sich bei innerer Heilung um ein Teamwork zwischen Gott und uns handelt. Es gibt Dinge, die nur er tun kann. Aber es gibt auch Dinge, die wir selbst erledigen müssen, für die Gott in uns zwar die Voraussetzungen schafft, die er uns jedoch nicht abnimmt.

Wenn es Gott nun gelungen ist, uns zum Innehalten und Hören auf seine Stimme zu bewegen, dann ist die nächste Herausforderung, diese innere Ruhe und Verbundenheit mit ihm zu bewahren wie einen kostbaren Schatz und darin beständig zu leben. Und auch hier schauen wir wieder nicht auf unsere subjektiven Gefühle, sondern auf die Tatsache: Er in mir und ich in ihm.

In seiner Ruhe bleiben

Ich habe mir Gedanken um die Bedeutung der verrenkten Hüfte gemacht. Wieso schlägt Gott gerade Jakobs Hüfte und nicht seine Schulter? Als Nichttheologin bin ich auf eine ganz simple Erklärung gekommen: Jakob ist danach nicht mehr so schnell. Er kann nicht mehr so schnell laufen – auch nicht weglaufen ...

Vor einiger Zeit hatte ich mit meinem Iliosakralgelenk Probleme. Es befindet sich am unteren Teil der Wirbelsäule ganz in der Nähe der Hüfte. Insofern kann ich mich ein wenig in Jakobs Zustand einfühlen und weiß, wie ihn diese Verletzung eingeschränkt hat. Ist man vorher flink wie ein Wiesel – damit ist es vorbei! Das Herumwuseln gehört der Vergangenheit an. Das Leben wird gezwungenermaßen gemächlicher.

Offensichtlich ist genau dies Gottes Absicht mit Jakob. Dazu fällt mir eine Geschichte ein: Ein Wanderer traf irgendwo in der Einöde auf einen Hirten, der dort seine Schafe weidete, während er ununterbrochen ein Lämmchen auf seinen Schultern trug. Der Fremde erkundigte sich, was es damit auf sich habe, und da erzählte ihm der Schäfer: »Dies kleine Schaf war der Wildfang meiner Herde. Immerzu neckte es die anderen und brachte dadurch alle in Unruhe und Gefahr. Ich musste zulassen, dass es sich ein Beinchen brach. Nun trage ich es bei mir, bis es wieder gesund ist.« Verwundert fragte der Mann: »Warum hast du dies zugelassen? Hättest du es nicht davor bewahren können?« – »Nun«, antwortete der Hirte mit Bedacht, »es gab keine andere Möglichkeit, dies wilde Lämmchen zu zähmen, es sei denn, ich hätte seinen Willen gebrochen. Doch ist dies nicht meine Art. So musste ich in Kauf nehmen, dass es sich verletzte, wobei ich noch Schlimmeres zu verhindern wusste. Nun muss es bei mir bleiben, bis sein Beinchen wieder heil ist, und dann wird es so mit mir vertraut sein und an mir hängen, dass es immer bei mir bleiben und mir folgen wird, wohin ich auch gehe.«

Das Ruhen bei Gott müssen wir erst lernen, es gehört nicht zu unserem natürlichen Wesen. Schon zu Beginn meines Christseins stieß ich auf ein Buch – es ist inzwischen völlig zerlesen –, das mich immer wieder stark ermutigt, wenn ich es zur Hand nehme: *Warten auf Gott* von Andrew Murray, dessen Bücher zu den Klassikern geistlicher Literatur gehören. Er beschreibt darin sehr anschaulich die Notwendigkeit, in einer wartenden Haltung mit Gott verbunden zu sein. Das ist die Herzenshaltung, die Leanne Payne als »Praktizieren der Gegenwart Gottes« bezeichnet. Murray schreibt:

Genauso erreichen unser Wollen und Laufen, unsere Wünsche und Bemühungen nichts; alles kommt von Gottes Erbarmen. Alle Übungen des geistlichen Lebens, unser Lesen und Beten, unser Wünschen und Tun, haben ihren sehr großen Wert. Sie können jedoch nichts weiter erreichen als dies: dass sie den Weg weisen und uns vorbereiten, in Demut nur auf Gott selbst zu sehen, von ihm allein abhängig zu sein und in Geduld seine gute Zeit und Barmherzigkeit zu erwarten. Das Warten auf Gott soll uns absolute Abhängigkeit von Gottes mächtigem Handeln lehren und uns veranlassen, uns in völliger Geduld zu seiner Verfügung zu halten. Die auf den Herrn warten, werden das Land erben, das verheißene Land mit seinen Segnungen. Die Erben müssen warten; sie können es sich leisten zu warten.[7]

Den Tatsachen ins Auge blicken

Wenn wir endlich ruhig werden, kann Gott mit uns über die Dinge reden, die unser Leben belasten.

Manche von uns wünschen sich, Gott möge möglichst alle ihre Probleme mit einem Schlag aus der Welt schaffen. Vielleicht hat Jakob darauf gehofft, dass sich die Erde auftut und alle seine Widersacher verschlingt. Doch dies tut Gott nicht, weil er nicht nur seine momentane Erleichterung im Sinn hat, sondern Jakobs ewiges Heil. Es gibt Tatsachen, über die er mit uns reden muss, die wir verstehen müssen, um von unseren falschen Wegen wirklich umkehren zu können. Er mutet uns zu, dass wir uns diesen Dingen stellen. Drei Tatsachen möchte ich hier ansprechen: unsere Verwundung, unsere Sünde und unseren Selbstbetrug.

Gott geht mit Jakob an den Ausgangspunkt zurück, an den Punkt seines Lebens, an dem seine Misere ihren Ausgang genommen, an dem sein Leben die falsche Ausrichtung bekommen hat. Er verfolgt den Weg von der Frucht zurück zu ihren Wurzeln.

Jakob, was beinhaltet dieser Name? Jakob, der dem anderen auf den Fersen ist, der Zweite, der das Nachsehen hat, der mit dem zufrieden sein muss, was übrig bleibt. Gott spricht seine innere Verwundung an, diesen tiefen Schmerz, immer im Schatten eines anderen zu stehen und weniger

Wertschätzung und Anerkennung zu erhalten; den Schmerz, das nicht zu bekommen, wonach sich das Herz so verzweifelt sehnt. An dieser Stelle kommt Jakob in Kontakt mit dieser tief sitzenden, primären Verletzung.

Damit verbunden spricht Gott aber noch ein weiteres Thema an. Wie wir gesehen haben, ist letztlich diese Verwundung Nährboden für alles Weitere: den Neid, den Konkurrenzkampf, den Betrug, also all die Sünden, durch die er selbst, aber auch viele andere Menschen in Mitleidenschaft gezogen worden sind. Wenn Gott Sünde anspricht, dann wird er sehr konkret: *»Wenn ich mich in der Gegenwart Gottes befinde, erkenne ich nicht nur in einem unbestimmten Sinne, dass ich ein Sünder bin, sondern ich erkenne auch, dass sich die Sünde in einem bestimmten Zuge meines Wesens konzentriert hat.«*[8] Auch dies thematisiert Gott, als er Jakob nach seinem Namen fragt.

Doch auch die dritte Tatsache wollen wir in den Blick nehmen. Worum geht es Jakob eigentlich bei seinem Lebenskampf, abgesehen davon, dass er den Segen Gottes will? Und den will er wirklich. Aber wir haben bereits gesehen, dass wahrscheinlich auch noch andere Motive eine Rolle spielen.

Spontan könnte die Antwort lauten: »Er will der Erste sein, die erste Geige spielen.« Das dachte ich erst, aber beim näheren Hinschauen entdeckte ich etwas ganz anderes: Esau will die erste Position und bekommt sie schon bei der Geburt; bei Jakob bin ich mir da nicht so sicher. Ich meine, dass er nicht den ersten Platz anstrebt, stattdessen aber all die damit verbundenen Vorteile.

Dies ist eine Beobachtung aus meinem eigenen Leben und dem vieler Menschen, die ich kenne. Sie sehen hauptsächlich den Gewinn, den eine Führungsposition mit sich bringt: Glanz, Anerkennung, Macht, Erfolg. Und die wollen sie haben. Gleichzeitig übersehen sie aber den hohen Preis, den ein Leiter für seine Position zu zahlen hat – und den wollen sie nicht bezahlen. Wer steht in der vordersten Schusslinie? Wer trägt die Verantwortung für Fehlentscheidungen und hält seinen Kopf hin? Wer kriegt zuerst den Ärger ab, wenn etwas schief geht? Wessen Fehler fällt schwerer ins Gewicht, der Fehler der ersten oder der Fehler der vierten Geige?

Oft fühlen sich die Stillen im Lande, die sich nicht zeigen und ihr Licht unter den Scheffel stellen, als die Übersehenen, die Märtyrer. Ich kenne dieses Empfinden nur zu gut. An einem Punkt in meinem Leben musste ich erkennen, dass ich aber selbst sehr viel zu meinem »Schicksal« beitrug, weil es für mich mit Vorteilen verbunden war. Zweite zu sein war für mich die sicherere Position, die mich vor Versagen und Misserfolg schützen sollte und die ich letztlich nicht aufgeben wollte. Lieber kein Profil zeigen, um nicht greifbar und damit angreifbar zu werden. Dass ich dabei auch meinen eigenen Erfolg verhinderte, wurde mir erst später erschreckend bewusst.

Häufig sind es die Zweiten, Dritten und Vierten, die den Ersten das Leben schwer machen. Neid ist die Triebfeder dafür. Betroffen sind Vorgesetzte, Leiter, Älteste, Pastoren. Häufig geschieht das nicht in offener Konfrontation, sondern sehr versteckt, subtil. Da wird Widerstand geleistet, gemobbt, intrigiert, Stimmung gemacht. Ein Familientherapeut hat mich darauf aufmerksam gemacht, dass Probleme in Systemen dann entstehen, wenn das Recht dessen, der zuerst da war, von anderen nicht gewürdigt wird. Das ist der wahre Hintergrund, warum schon manche Gemeinde, manches Werk Gottes Schaden genommen hat oder zerbrochen ist. Es ist eine der effektivsten Methoden Satans: Zerstörung von innen.

Wir müssen darauf achten, dass wir uns nicht an dieser Stelle vom Feind missbrauchen lassen; wir müssen lernen, wohlwollend und loyal zu sein, einen Vertrauensvorschuss zu gewähren!

Jakob muss sich auch diesem dritten Aspekt seiner Gebrochenheit stellen, dem Selbstbetrug. Wenn Gott uns den Spiegel vorhält und wir der Tatsache unserer Gebrochenheit und ihrer verschiedenen Aspekte -Verwundung, Sünde und Selbstbetrug – ins Angesicht schauen, dann begreifen wir tief in unserem Herzen, dass wir einen Erlöser, einen Retter, einen Heiland wirklich brauchen!

Gottes Therapieplan

Als Gott anfing, mir die Gebrochenheit meines Lebens vor Augen zu führen, spürte ich sehr deutlich, dass er dies nicht tat, um mich zu beschämen, sondern um mir zu helfen.

In diesem Prozess umfasst das Handeln Gottes mit uns im Wesentlichen fünf Bereiche: Reinigung bzw. Vergebung, Heilung, Befreiung, Ermutigung und Trost. Diese Elemente von Gottes Therapieplan sehe ich auch in einer zentralen Stelle des Alten Testaments, wo es um das Erlösungswerk Jesu für seine Schöpfung geht (Jes 61,1–3):

»Der Geist des Herrn ist auf mir; denn der Herr hat mich gesalbt. Er hat mich gesandt, den Elenden frohe Botschaft zu bringen, zu verbinden, die gebrochenen Herzens sind, Freilassung auszurufen den Gefangenen und Öffnung des Kerkers den Gebundenen, auszurufen das Gnadenjahr des Herrn und den Tag der Rache für unsern Gott, zu trösten alle Trauernden, den Trauernden Zions Frieden, ihnen Kopfschmuck statt Asche zu geben, Freudenöl statt Trauer, ein Ruhmesgewand statt eines verzagten Geistes.«

In meinem Leben war es so, dass Gott zu diesem Zweck Menschen gebraucht hat, die mir dienten. Sie nahmen sich Zeit für mich, hörten mir zu, hielten mich aus, als sich der Schmerz in mir Bahn brach, und sie beteten für mich. In Situationen, wo mein Glaube an Heilung ins Wanken kam, stellten sie sich an meine Seite und glaubten für mich. Sie hörten sich meine Sündenbekenntnisse an und sprachen mir die Vergebung Gottes zu; sie leiteten mich in Vergebungsprozesse. Sie waren es, die mich mit der Liebe des Vaters in Berührung brachten. Durch ihre Behutsamkeit und ihr Mitgefühl, mit dem sie mich begleiteten, bekam ich eine Vorstellung von Gottes Liebe und wurde bereit, mich von ihm selbst berühren und lieben zu lassen.

Gott kann zwar durch seinen Heiligen Geist, der in uns ausgegossen ist, direkt an unserem Herzen wirken, aber häufig tut er es durch Menschen, die er mit einer seelsorgerlichen Begabung ausgestattet hat. Es ist erstaunlich, was Gott auf schlichtes, vertrauensvolles Gebet hin tut. Jedoch ist es in der Regel ein weiter Weg, bis wir bereit werden, uns einem Menschen anzuvertrauen; zwei Faktoren halten uns oft lange von diesem so entscheidenden Schritt ab: Stolz und Scham.

Wir selbst nutzen in Beratung und Therapie psychologische Methoden, von denen manche sehr hilfreich sein können, um einen Zugang zu den Zusammenhängen und Hintergründen psychischer Probleme zu bekommen. Aber wenn es um die Heilung unseres gebrochenen Herzens geht, bedarf es des »großen Herzspezialisten und Herzenskenners«. Ich bin davon überzeugt, dass Gott für jeden von uns, der sich dafür öffnet, einen sehr individuellen Therapieplan hat. Dieser umfasst spezielle Zeitpunkte, Orte und Menschen, die er einsetzt. Voraussetzung dafür ist unsere Einsicht, dass wir Hilfe benötigen. Wir müssen bereit sein, diese Hilfe anzunehmen und wir müssen gelernt haben, Gottes Stimme zu hören und darauf einzugehen. Wenn Gott in unserem Leben dann mit der Wiederherstellung begonnen hat, hört er nicht auf, bis sein Werk in uns vollendet ist.

Nicht mehr Jakob

Romano Guardini bezeichnet einen Erwachsenen in einer bestimmten Lebensphase als »den ernüchterten Menschen«. In dieser Lebensphase befindet sich Jakob in unserer Geschichte. Es ist die Phase, in die wir eintreten, wenn wir den Tatsachen des Lebens im Allgemeinen und unseres persönlichen Lebens ins Auge geblickt haben. Dort findet sich Petrus wieder, als er, vormals das »Großmaul« unter den Jüngern, seinen Herrn so erbärmlich verleugnet hat. Oder auch Saulus von Tarsus, der mitten bei der Umsetzung seiner ehrgeizigen Ziele vom Ross geholt wird. Äußerlich mit Blindheit geschlagen, muss er sich seiner inneren Blindheit bewusst werden und erkennen, wen er verfolgt hat.

Manche Christen meinen, Gott müsse uns erst zerbrechen, bevor er uns gebrauchen kann. Ich teile diese Auffassung mittlerweile nicht mehr. Ich glaube, dass Gott uns nicht aktiv zerbricht. Nein, der Zusammenbruch, der unserer Ernüchterung vorausgeht, geschieht meiner Ansicht nach dadurch, dass Gott uns in Situationen führt, in denen wir mit unserer schon bestehenden Gebrochenheit konfrontiert werden. Jakob, Saulus und auch Petrus müssen eine solche Situation durchleiden, um mit sich selbst – mit ihrem Selbstbetrug, ihrem Irrtum, ihrer Feigheit und damit auch ihrer Schwachheit und Bedürftigkeit in Berührung zu kommen. Ernüchtert gelangen wir – wenn alles gut geht – in eine Haltung, in der Gott Neues mit uns beginnen kann.

Eine der wichtigsten Fragen in unserem Leben ist die nach unserer Identität. Wir brauchen eine Vorstellung davon, wer wir sein sollen bzw. wer wir in Gottes Augen sind, »der das Nichtseiende ruft, wie wenn es da wäre« (Röm 4,17). Wir brauchen gewissermaßen eine Vision von Gott als Antwort auf unsere Frage nach unserem wahren Selbst, unserer Identität. Diese Antwort bekommt Jakob in Gestalt eines neuen Namens.

Im zweiten der sieben Sendschreiben, die Christus in der Apokalypse an die Gemeinden der Provinz Asia richtet, steht ein Wort, das den Leser mit einem geheimnisvollen Ton berührt. Es lautet: »Wer ein Ohr hat, der höre, was der Geist den Gemeinden sagt: Wer überwindet, dem will ich einen weißen Stein geben, und auf den Stein geschrieben einen neuen Namen, den niemand weiß, als der ihn empfängt.« (2,17) Im Licht dieser göttlichen Erkenntnis erkennt (...) der Mensch erst wirklich sich selbst. Nur in der Begegnung mit ihm erfährt er, wer er ist, denn nur Gott kann es ihm sagen. Der Ausdruck dieses Wissens, das Gott von ihm hat, und das er in Gott von sich selbst gewinnt, ist sein wirklicher Name (...) In jenem Augenblick, da der Mensch vor den Gott der Gnade gelangt, vollendet dieser an ihm das Werk der Schöpfung und der Erlösung. Gott erkennt ihn zu dem, was er ewig sein soll (...)[9]

Alle drei Männer, Petrus, Saulus und auch Jakob, erhalten nach ihrer Ernüchterung einen neuen Namen. Jakobs neuer Name lautet »Israel«, was übersetzt »Gotteskämpfer« heißt.

Leben als Gesegnete

Erst nachdem Gott Jakob seinen neuen Namen gegeben hat, segnet er ihn und ich glaube, dass beides in einem engen Zusammenhang steht. Gesegnet zu sein bedeutet neben vielem anderen, die Vision Gottes, seine Bestimmung für mein Leben zu verwirklichen. Gott pflanzt seine Vision, diesen neuen Namen, in Jakobs Herz, denn: »Jeder innere Impuls hat (...) die Tendenz, sich zu verwirklichen.«[10] Mit diesem inneren Impuls ruft Gott unser ureigenstes Wesen ins Leben, das oft schon von Kindheit an als eine tiefe Sehnsucht in uns schlummert, es ist die Sehnsucht nach Verwirklichung unserer Bestimmung. So hatte ich schon als

Kind und Jugendliche den Herzenswunsch zu schreiben. Aber ich musste erst von Gott dafür freigesetzt werden.

In meinem Prozess brauchte ich Demut und Mut zugleich, um diesen inneren Impuls zu verwirklichen. Demut, um meine Illusionen, meine überhöhten Ziele und Ansprüche an mich und andere loszulassen – meine Forderung an Gott und das Leben, mich groß herauszubringen, mich berühmt zu machen. Das wirkte sich sofort auf meine Beziehungen aus. Ich wurde bereit, so normal und durchschnittlich zu sein wie andere auch. Ich lernte, auf Überlegenheit zu verzichten und meine Gleichwertigkeit zu bejahen – ich kam wieder auf Augenhöhe mit den anderen und musste nicht mehr konkurrieren.

Wenn das gelingt, treten wir aus unserer inneren Einsamkeit heraus, weil nur so wirkliche Beziehung, Freundschaft und Gemeinschaft möglich ist. Dann fällt eine riesige Last von uns ab, wodurch Raum für Neues bzw. das Eigentliche entsteht. Unser Leben wird um ein Vielfaches leichter. Wir begreifen auf einmal, was es bedeutet, wenn Jesus uns sagt, dass sein Joch nicht schwer ist.

Romano Guardini schreibt dazu: »An der Wurzel von allem liegt der Akt, durch den ich mich selbst annehme. Ich soll damit einverstanden sein, der zu sein, der ich bin. Einverstanden, die Eigenschaften zu haben, die ich habe. Einverstanden, in den Grenzen zu stehen, die mir gezogen sind (...) Und die Klarheit und Tapferkeit dieser Annahme bildet die Grundlage alles Existierens.«[11] Mit sich einverstanden zu sein bedeutet, zum Frieden mit sich selbst zu kommen. Zum Frieden mit mir selbst zu kommen bedeutete für mich, zu lernen, mich mitsamt meiner Schwachheit und Begrenztheit in den Arm zu nehmen und mir selbst eine gute Freundin zu werden.

Um in unsere Bestimmung hineinzuwachsen, brauchen wir aber auch Mut:

(...) jeder Reifungsschritt ist mit Angst verbunden, denn er führt uns in etwas Neues, bisher nicht Gekanntes und Gekonntes (...) Da unser Leben immer wieder in Neues, Unbekanntes und noch nicht Erfahrenes führt, begleitet uns Angst immerwährend. Sie kommt am ehesten ins Bewusstsein an besonders wichtigen Stellen unserer Entwicklung, da, wo alte, vertraute Bahnen verlassen werden müssen, wo neue Aufgaben zu bewältigen oder Wandlungen fällig sind (...) Entwicklung, Erwachsenwerden und Reifen haben also offenbar viel mit Angstüberwindung zu tun.[12]

Auch im Gleichnis von den anvertrauten Talenten spielt dieses Thema eine Rolle, nämlich da, wo einer der drei Knechte seine Talente aus Angst vergräbt (Matthäus 25,14–30).

Als Zweite, die es gewohnt war, sich hinter anderen zu verstecken, brauchte ich viel Ermutigung, um aus dieser Haltung herauszufinden. Verant-

wortung und Leitung zu übernehmen, als Gott mich dazu aufforderte, Neues zu wagen und mich zu zeigen, auch wenn es mit einer möglichen Blamage verbunden war oder ich Fehler machte – dies zu lernen war eine echte Herausforderung für mich.

Aber Gott fordert uns dazu auf, mutig zu sein, etwas zu wagen, nicht zurückzuschrecken. Ein Josua, ein Jeremia, ein Timotheus, sie alle brauchen und erhalten von Gott viel Bestätigung und Ermutigung für ihren Auftrag: »Habe ich dir nicht geboten: Sei stark und mutig? Erschrick nicht und fürchte dich nicht! Denn mit dir ist der Herr, dein Gott, wo immer du gehst.« (Josua 1,9) Gott kennt unser verzagtes Herz und lässt nicht nach, es zu stärken und fest (nicht hart!) zu machen: »Sage nicht: Ich bin zu jung. Denn zu allen, zu denen ich dich sende, sollst du gehen und alles, was ich dir gebiete, sollst du reden. Fürchte dich nicht vor ihnen! Denn ich bin mit dir, um dich zu erretten, spricht der Herr.« (Jeremia 1,7–8)

»Um dieser Ursache willen erinnere ich dich, die Gnadengabe Gottes anzufachen, die in dir durch das Auflegen meiner Hände ist. Denn Gott hat uns nicht einen Geist der Furchtsamkeit gegeben, sondern der Kraft und der Liebe und der Zucht. So schäme dich nun nicht des Zeugnisses unseres Herrn (...)« (2. Timotheus 1,6–8)

Als Gesegnete Gottes leben wir, wenn wir an seiner Hand Schritte in Mut und Demut tun und seine Vision für unser Leben verwirklichen, denn wir sind dazu berufen, viel Frucht zu bringen, das heißt, erfolgreich zu sein. »Erfolg ist, im Willen Gottes zu sein.« Diese Definition von Erfolg gefällt mir. Für Geliebte Gottes bekommen die Dinge des Lebens eine neue Gewichtung, sodass sie sagen können: »Egal, welche Geige mir Gott nun in die Hand drücken wird, ich werde sie spielen, und zwar so gut ich nur kann! Was immer mir Gott aufträgt, wie gering oder gewaltig es sein mag, ich werde es tun!«

Gott wird kämpfen

Für den Namen Israel gibt es noch eine andere Übersetzung: »Gott wird kämpfen«. In meiner Bibel steht an keiner Stelle, dass wir für irgendetwas kämpfen müssen, was uns selbst betrifft, weder um Ehre, Position, einen Dienst, unser Recht, Finanzen, einen Ehepartner. Wir sollen uns für sein Reich einsetzen, und alles Übrige wird hinzugetan. Wir müssen uns nicht abmühen, uns einen Platz im Leben, in Gottes Reich und seiner Gemeinde zu ergattern. Wir müssen uns nicht selbst empfehlen.

Wenn Gott uns eine Tür öffnet, dann gibt es keinen, der das verhindern könnte. Er ist es, der beruft. Er ist es, der unsere Wege ebnet und jedes Hindernis, das sich uns in den Weg stellen mag, wegnimmt. Wenn wir ihm vertrauen und der Versuchung widerstehen, selbst ein wenig nachzuhelfen, wird er es tun. Wenn wir uns im Leben mit unserem Gott bewähren, dann wird er selbst uns empfehlen! Darauf zu vertrauen und an dieser Verheißung festzuhalten, egal, wie aussichtslos unsere Situation erscheinen mag, darauf kommt es an. Wir wollen Gott kämpfen lassen!

Denn nicht, wer sich selbst empfiehlt, der ist bewährt, sondern der, den der Herr empfiehlt.

2. Korinther 10,18

Anmerkungen

1 Alle Bibelstellen sind nach der revidierten Elberfelder Bibel zitiert.

2 Romano Guardini: *Gläubiges Dasein/Die Annahme seiner selbst.* Mainz, 1993. S.143 und 144. (Dieser Titel enthält auch *Die Lebensalter.*)

3 Ian Stewart und Vann Joines: *Die Transaktionsanalyse.* Freiburg, 1990, S. 240.

4 Henry J. M. Nouwen: *Nimm sein Bild in dein Herz.* Toronto, 1991, S. 69.

5 Leanne Payne: *Verändernde Gegenwart.* Lüdenscheid, 1998. S. 25ff.

6 ebenda S. 22–23.

7 Andrew Murray: *Warten auf Gott.* Hurlach, 1980. S. 42.

8 Oswald Chambers: *Mein Äußerstes für Sein Höchstes.* Bern, 1978, S. 185.

9 Romano Guardini: *Gläubiges Dasein/Die Annahme seiner selbst.* Mainz, 1993, S.16–18.

10 ebenda S. 101–106.

11 ebenda S. 186.

12 Fritz Riemann: *Grundformen der Angst.* München, 1991. S. 9.